Winrich Scheffbuch

Jesus, Du bist bei mir

Gespräche mit Kranken

Hänssler-Verlag
Neuhausen-Stuttgart

CIP-Kurztitelaufnahme der Deutschen Bibliothek

Scheffbuch, Winrich:
Jesus, Du bist bei mir: Gespräche mit Kranken /
Winrich Scheffbuch. – Neuhausen (Stuttgart): Hänssler, 1980.
 ([TELOS-Bücher]; Nr. 5022: TELOS-Taschenbuch)
 ISBN 3-7751-0486-0

TELOS-Taschenbuch Nr. 5022
© 1980 by Hänssler-Verlag, Neuhausen-Stuttgart
Bildnachweis: dpa, München, Seite: 29
Hans Lachmann, Düsseldorf, Seite: 15, 21, 47
Christa Petri, Regensburg, Seite: 6, 12, 34, 49, 56
Umschlaggestaltung: Daniel Dolmetsch
Umschlagfoto: ARTREFERENCE, Frankfurt/M.
Gesamtherstellung: Ebner Ulm

Inhalt

Auf die Seite genommen	7
Du bist bei mir	8
Aber ich sehe ihn doch nicht!	10
Unter Gottes starkem Schutz	13
Wohin geht der Weg?	16
Mein Herz ist unruhig	20
Wie man mit seinen Ängsten fertig wird	22
Ganz in Schmerzen eingehüllt	24
Was Gott verspricht, das bricht er nicht	28
In Gott ganz geborgen	31
Das Lied einer blinden Sängerin	32
Wer bin ich?	35
Dank für das Wunder meines Lebens	36
Überwundene Schwäche	39
Neue Kraft	40
Mit nichts aufzuwiegen	42
In den Händen der Menschen	44
Wie ein Kranker seine Ungeduld überwand	45
Der Irrweg der Sorgen	48
Erlebte Gebetserhörung	53
Wenn Gott unsere Bitten nicht erfüllt	57
Umkehren und neu beginnen	58
Hat Gott mich vergessen?	60
Ich bin gewiß!	62

Auf die Seite genommen

Es ist still um mich her.
Von ferne dringt Lärm an mein Ohr.
Ich brauche Ruhe und Stille,
wenn ich genesen soll.
Und doch ist die Einsamkeit
manchmal kaum zu ertragen.
Unentwegt kreisen schwere Gedanken
in meinem Kopf.
Ich kann die Arbeit nicht loslassen,
die jetzt dringend getan werden müßte.
Warum bin ich krank – gerade jetzt?
Und warum gerade ich?
Ich zähle die Stunden, Tage und Wochen.
Die Zeit zerrinnt nur ganz langsam.
Ich warte, warte, warte.
Ich wollte draußen sein – und gesund.
Ich ertrage es nicht,
eingesperrt zu sein, untätig und still.
Darum wollte ich es lange nicht wahrhaben,
daß ich krank bin.
Ich bin erschrocken über die ersten Anzeichen
und habe sie nach außen mit Energie und
Willenskraft zu überspielen versucht.
Aber eines Tages stand es fest:
Ich bin krank!
Und nun liege ich da und sinne darüber nach.
Soll ich mich mit der Krankheit abfinden?
Wie kann ich mich in meine Lage hineinfinden?
Und wie geht alles weiter?
Erst jetzt erkenne ich,
wie wenig ich weiß und verstehe.
Es ist still um mich her.
Ich bin herausgerissen

aus dem pulsierenden Leben,
aus Arbeit, Geschäftigkeit und Umtrieb.
Aber Du, mein Herr und mein Gott, bist da.
Du kennst alles,
was mich jetzt bewegt, ganz genau.
Es ist so viel, was ich nicht verstehe,
mir ist es genug, daß Du mich verstehst.
Ich bin nicht wert,
daß Du unter mein Dach kommst.
Aber sprich nur ein Wort,
so wird meine Seele genesen.

Du bist bei mir

Und nun spricht der Herr,
der dich geschaffen und gemacht hat:
Fürchte dich nicht,
denn ich habe dich erlöst.
Ich habe dich bei deinem Namen gerufen.
Du bist mein!
Wenn du durch Wasser gehst,
will ich bei dir sein,
daß dich die Ströme nicht ersäufen sollen.
Und wenn du ins Feuer gehst,
sollst du nicht brennen,
und die Flamme soll dich nicht versengen.
Denn ich bin der Herr, dein Gott,
der Heilige Israels, dein Heiland.
Weil du in meinen Augen so wert geachtet bist,
mußt du auch herrlich sein,
und ich habe dich lieb.
So fürchte dich nun nicht,
denn ich bin bei dir.

Jesaja 43, 1-5

Unter deinem Schirmen
bin ich vor den Stürmen
aller Feinde frei.
Laß den Satan wettern,
laß die Welt erzittern,
mir steht Jesus bei.
Ob es jetzt gleich kracht und blitzt,
ob gleich Sünd und Hölle schrecken,
Jesus will mich decken.

Trotz dem alten Drachen,
trotz dem Todesrachen,
trotz der Furcht dazu!
Tobe, Welt, und springe;
ich steh hier und singe
in gar sichrer Ruh.
Gottes Macht
hält mich in acht;
Erd und Abgrund muß verstummen,
ob sie noch so brummen.

                        Johann Franck

Aber ich sehe ihn doch nicht!

Eben hat noch der Anästhesist an meinem Bett gesessen. Er sprach mit mir über die morgige Operation. Ihm konnte ich ganz vertrauen. Er sprach so ruhig und war seiner Sache sicher.

Als er gegangen war, lag ich noch einige Zeit wach. Ich wollte beten und konnte nicht. Jetzt erst merkte ich, wie schwierig beten sein kann. Ich wollte alles in die Hände Gottes legen, aber die Worte „Dein Wille geschehe!" gingen einfach nicht über meine Lippen.

Wie, wenn Gott keinen guten Ausgang der Operation wollte? Ich konnte es ihm einfach nicht überlassen, daß sein Wille geschehe. Ich wußte genau, was gut und richtig ist. Schließlich war ich das auch meiner Frau und meinen vier kleinen Kindern daheim schuldig. Wie sollte ich da Gott den Ausgang der Operation überlassen können?

So lag ich lange Zeit wach, während es draußen dunkel wurde.

Wenn ich dem Arzt, der vorher so freundlich an meinem Bett saß, die Entscheidung hätte überlassen müssen, so wäre mir das ganz leicht gefallen. Von ihm wußte ich es, daß er nur das Beste für mich wollte. Er hatte mir doch in die Augen gesehen. Es brauchte nicht viel Worte. Ihm würde ich blind vertrauen.

Aber Gott – wie sollte ich ihm vertrauen können? Ich sah ihn doch nicht. Und wie soll ich wissen können, wo er mit mir hinaus will?

Über diesen Gedanken erschrak ich. Erst jetzt in

der Nacht vor der Operation merkte ich, wie der Unglaube in mir das Bild von Gott kraß verzeichnete und verdunkelte. Ist er uns wirklich nur wie eine unheimliche Gestalt, der wir nachts nicht über den Weg trauen?

Mir war es unbegreiflich, daß ich eher zu einem Menschen Vertrauen faßte, obwohl Menschen doch irren und Böses zufügen können. Warum fiel es mir so schwer, meinem himmlischen Vater zu vertrauen, der nur Gedanken der Liebe für mich hat?

Ach, wenn ich Gott nur so sehen könnte. Wenn ich in sein Gesicht schauen dürfte, dachte ich.

Da wurde mir plötzlich bewußt, daß Gott uns sein Innerstes enthüllt hat, als er seinen Sohn am Kreuz sterben ließ. Da kann ich seine ganze Liebe sehen. Jetzt ist es für jeden ganz klar zu erkennen, daß er lieber seinen Sohn opfert, als mich meine verdiente Strafe ertragen läßt. So wichtig bin ich ihm. Einen größeren Beweis von Liebe als dieses Opfer gibt es nirgendwo.

An diesem Abend vor der großen Operation schlief ich dann doch ohne Angst ein. „Dein Wille geschehe!" betete ich froh, ohne Bangen. Gott war mir keine dunkle und undurchsichtige Gestalt mehr. Er hat mich lieb und will nur das Beste. Das steht fest. Ihm kann man vertrauen, mehr als man Menschen trauen kann.

Unter Gottes starkem Schutz

Wer unter dem Schirm des Höchsten sitzt
und unter dem Schatten des Allmächtigen bleibt,
der spricht zu dem Herrn:
Meine Zuversicht und meine Burg,
mein Gott, auf den ich hoffe.
Er wird dich mit seinen Fittichen decken,
und Zuflucht wirst du haben unter seinen Flügeln.
Seine Wahrheit ist Schirm und Schild,
daß du nicht erschrecken mußt
vor dem Grauen der Nacht,
vor den Pfeilen, die des Tages fliegen,
vor der Pest, die im Finstern schleicht,
vor der Seuche, die am Mittag Verderben bringt.
Denn der Herr ist deine Zuversicht,
der Höchste ist deine Zuflucht.

Aus Psalm 91, 1-9

Befiehl du deine Wege
und was dein Herze kränkt
der allertreusten Pflege
des, der den Himmel lenkt.
Der Wolken, Luft und Winden
gibt Wege, Lauf und Bahn,
der wird auch Wege finden,
da dein Fuß gehen kann.

Dem Herren mußt du trauen,
wenn dir's soll wohlergehn;
auf sein Werk mußt du schauen,
wenn dein Werk soll bestehn.

Mit Sorgen und mit Grämen
und mit selbsteigner Pein
läßt Gott sich gar nichts nehmen,
es muß erbeten sein.

Weg hast du allerwegen,
an Mitteln fehlt dir's nicht;
dein Tun ist lauter Segen,
dein Gang ist lauter Licht.
Dein Werk kann niemand hindern,
dein Arbeit darf nicht ruhn,
wenn du, was deinen Kindern
ersprießlich ist, willst tun.

Hoff, o du arme Seele,
hoff und sei unverzagt!
Gott wird dich aus der Höhle,
da dich der Kummer plagt,
mit großen Gnaden rücken;
erwarte nur die Zeit, so wirst du schon erblicken
die Sonn der schönsten Freud.

Paul Gerhardt

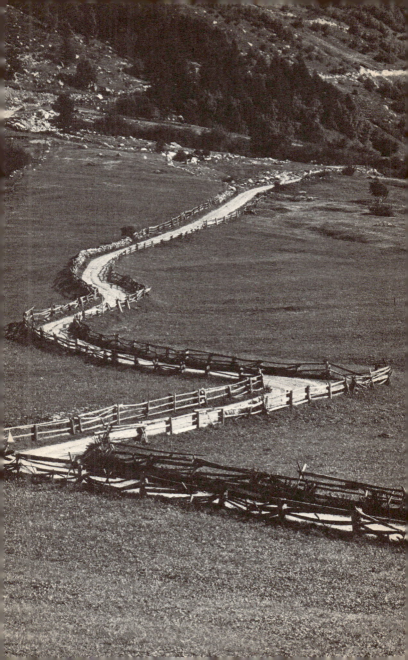

Wohin geht der Weg?

Ich hatte mir die Wüste ganz anders vorgestellt, flach und sandig. Bis ich dann am Toten Meer vor den steilen Berghängen und Schluchten stand. Hier hatte sich David versteckt gehalten, als Saul, der König, ihn überall steckbrieflich suchen ließ, um ihn umzubringen.

Es ist glutheiß dort in der trostlosen, unbarmherzigen Wüste. Keine Menschen. Kein Weg. Kein Wasser.

Wie mag es David wohl zumute gewesen sein? Er durfte nicht mehr heim. Niemand half ihm. Jeder hatte Angst. Und er wußte selbst nicht, wie lange er das noch durchstehen würde.

Seitdem ich das gesehen habe, verstehe ich das Lied, das David vom Guten Hirten gedichtet hat, viel besser. Dort in der Einsamkeit könnte er es gesungen haben. Als seine Zunge geschwollen war von Durst und Hitze. Ob er da auch nicht manchmal ganz tief unten war mit seinen Stimmungen? Ob er da nicht aufgeben wollte?

Aber dann sang er sein Lied. Es paßt eigentlich wie die Faust aufs Auge. Wo war denn die grüne Weide? Wo war denn Wasser? Wo war ein Weg, den er ohne Gefahr gehen konnte?

Und er sang sein Lied mitten in der grausamen Steinwüste. Er sah mehr, als ungläubige Augen sehen können. Er sah den Herrn, der ihn in der Wüste wunderbar versorgte. Das frische Wasser und die grüne Weide, das waren jedesmal unerwartete Wundergaben, die er aus seiner Hand nahm.

Das kann man in unwegsamen Wüstenzeiten
erfahren, und dann ein Leben lang bekennen:

Der Herr ist mein Hirte,
mir wird nichts mangeln.
Er weidet mich auf einer grünen Aue
und führet mich zum frischen Wasser.
Er erquicket meine Seele.
Er führet mich auf rechter Straße
um seines Namens willen.
Und ob ich schon wanderte im finstern Tal,
fürchte ich kein Unglück;
denn du bist bei mir,
dein Stecken und Stab trösten mich.

Weiß ich den Weg auch nicht, du weißt ihn wohl;
das macht die Seele still und friedevoll.
Ist's doch umsonst, daß ich mich sorgend müh,
daß ängstlich schlägt das Herz, sei's spät, sei's früh.

Du weißt den Weg ja doch, du weißt die Zeit,
dein Plan ist fertig schon und liegt bereit.
Ich preise dich für deiner Liebe Macht,
ich rühm die Gnade, die mir Heil gebracht.

Du weißt, woher der Wind so stürmisch weht,
und du gebietest ihm, kommst nie zu spät.
Drum wart ich still, dein Wort ist ohne Trug;
du weißt den Weg für mich, – das ist genug.

        Hedwig von Redern

Meine Gedanken sind nicht eure Gedanken,
und eure Wege sind nicht meine Wege,
spricht der Herr,
sondern so viel der Himmel höher ist als die Erde,
so sind auch meine Wege höher als eure Wege
und meine Gedanken als eure Gedanken.

        Jesaja 55, 8-9

Ich weiß wohl,
was ich für Gedanken über euch habe,
spricht der Herr:
Gedanken des Friedens und nicht des Leides,
daß ich euch gebe das Ende, des ihr wartet.

        Jeremia 29, 11

Ist auch die Zukunft meinem Blick verhüllt,
vertrau ich still.
Seitdem ich weiß, daß sich dein Plan erfüllt,
vertrau ich still.
Seh ich nicht mehr als nur den nächsten Schritt,
mir ist's genug! Mein Herr geht selber mit.

                        Diakonissenmutterhaus Aidlingen

Mein Herz ist unruhig

Mir ist es schwer,
daß ich ein so komplizierter Patient bin.
Ich wußte selbst nicht,
daß ich wirklich so bin,
wie ich mich jetzt in diesen Tagen gebe.
Ich wollte ruhig und gelassen sein,
aber in mir ist oft eine nicht zu zügelnde Unruhe.
Ich leide an meiner Ungeduld
und kann sie doch nicht ablegen.
Ich will nicht grübeln
und kann doch die schweren Gedanken
nicht abschütteln.
Dann will ich mich in die Krankheit schicken
und gleichzeitig dürste ich, mit allem was ich bin,
nach Leben.
Ich bin im Widerstreit mit mir selbst.
Ich will nicht so sein,
wie ich in Wirklichkeit doch bin.
Herr!
Vergib mir meine Ungeduld, mein Auflehnen!
Ich kann mein unruhiges Herz nicht stillen,
aber Du.
Meine Zeit steht in Deinen Händen – auch jetzt.
Dir ist es nicht verborgen, daß ich tätig sein will,
schaffen und wirken, solange es Tag ist.
Aber mein Leben ist mehr als Arbeit und Beruf.
Auch mehr als Gesundheit.
Mein Leben kommt aus Deiner Hand
und ruht in Deiner Hand.
Ich kann es nicht begreifen,
nicht von ferne verstehen;
aber ich will Dir vertrauen.
Du willst auch in meiner Krankheit

Deine Macht, Güte und Herrlichkeit
demonstrieren.
Darum will ich auch im Glauben
vertrauend mich in Deine Hände befehlen.
Du bist mein Vater und ich Dein Kind.
Das macht auch das Schwerste leicht und erträglich
und das Unmögliche für mich zum Weg,
den ich gehen kann.
Voll Unruhe war mein Herz,
nun aber hat es Ruhe gefunden in Dir, mein Gott.

Wie man mit seinen Ängsten fertig wird

Wir sind von allen Seiten bedrängt,
aber wir ängstigen uns nicht.
Wir sind ratlos, aber wir verzagen nicht.
Wir leiden Verfolgung,
aber wir werden nicht verlassen.
Wir werden unterdrückt, aber wir kommen
nicht um.
Mitten im Leben werden wir immerzu in den Tod
gegeben um Jesu willen,
damit auch das Leben Jesu an unserem sterblichen
Leib offenbar wird.
Darum werden wir nicht mutlos.
Sondern
wenn auch unser äußerer Mensch zerfällt,
so wird doch der innere von Tag zu Tag erneuert.
Denn unser gegenwärtiges Leiden, das leicht ist,
schafft eine ewige und über alle Maßen wichtige
Herrlichkeit, uns, die wir nicht auf das Sichtbare
sehen, sondern auf das Unsichtbare.
Denn was sichtbar ist, das ist vergänglich.
Was aber unsichtbar ist, das ist ewig.

          Aus 2. Korinther 4

Und dennoch, wenn's auch tobt und stürmt
und Dunkel mich umhüllt,
wenn Woge sich auf Woge türmt
und fast mein Schifflein füllt:
Ja, dennoch will ich stille sein,
nicht zagen in Gefahr,
will flüchten mich in Gott hinein
und ruhn da immerdar.
Gleich wie ein neugebornes Kind
liegt still im Mutterschoß
und trotz dem allerstärksten Wind
ist froh und sorgenlos:
So will auch ich, mein treuer Hort,
mich dir fest anvertraun
und stille auf dein göttlich Wort
in Nacht und Stürmen baun.
So wüte nun, du wildes Meer,
und droh nur, Felsenriff –
es ist der allgewaltge Herr
in meinem kleinen Schiff.
Er ist der Mann,
er führt's hinaus,
obwohl ich Staub nur bin;
er bringt mich durch des Meers Gebraus
zum Friedenshafen hin.
Drum dennoch, wenn's auch tobt und stürmt
und Dunkel mich umhüllt,
vertrau ich froh, daß Gott mich schirmt
und Sturm und Wetter stillt.

                              Friedrich Traub

Ganz in Schmerzen eingehüllt

Rosemarie Pohl war ein fröhliches, junges Mädchen, als sie schwer an Arthritis erkrankte. Mit 20 Jahren konnte sie sich nur noch im Rollstuhl bewegen. Und doch war ihr Leben nicht eingeengt auf ihre Krankenstube. Im Auftrag des evangelischen Jugendwerks in Württemberg schrieb sie 17 Jahre lang Briefe an kranke junge Menschen.

„Ich bin ganz in Schmerzen eingehüllt!" So beschrieb sie ihren Zustand. Aber dann konnte sie ihren Besuchern am Krankenbett plötzlich zuversichtlich sagen: „Er ist ja bei mir!"

Darum kreiste ihr Leben eben letztlich nicht um die Krankheit. Sie hat immer wieder stärkend und ermutigend die Nähe Jesu erfahren. Sie erkannte in ihm die Mitte ihres Lebens, von dem her alles andere einen neuen Sinn bekommt.

So schrieb sie einem jungen Mädchen, das schwer leiden mußte:

„Wie herrlich ist es, wenn Jesus Christus immer mehr der Mittelpunkt eines Menschenlebens wird. Und das heißt ja, den Menschen zu heilen. Dann kann man innerlich ganz gesund und froh sein, auch wenn der Körper noch so übel dran ist. So macht mich der Gedanke schon seit Jahren froh, daß Jesus der Mittelpunkt Deines Lebens ist. Deshalb darf ich meinen Wunsch für Dich so formulieren, daß Du immer mehr zu einer Kraftquelle für andere Menschen wirst, die bei aller körperlichen Gesundheit innerlich krank und leer sind. Damit vermittelst Du ansteckende Gesundheit und erhältst selbst Freude und Kraft."

Rosemarie Pohl war oft verzagt, ja verzweifelt, wenn sie sich ihrer zerbrechenden Kraft bewußt wurde. Aber dann schaute sie von sich weg auf Jesus, dem ihr Leben gehörte.

In einem ihrer Briefe schrieb sie:
„Es wird mir immer wieder weitergeholfen und ich schäme mich über meinen Kleinglauben. Er taucht jedesmal wieder auf, obwohl ich doch nun endlich wissen müßte, daß der Herr im rechten Moment noch immer Hilfe geschickt hat. Doch so allmählich lerne ich, unserem Herrn mehr zuzutrauen als mir selbst. Und das ist die Hauptsache. Dann sind unsere Jahre nicht vergeblich gelebt. Daß nur Christus geehrt werde auf mancherlei Weise. Aber hier haben wir noch viel zu lernen. Er gibt mir gerade so viel Kraft, wie ich bei vernünftiger Einteilung benötige. Wenn ich darauf nicht achte, habe ich große Schmerzen, die mir gleich Angst vor einer Verschlechterung machen. Aber es kann mir ja nicht mehr geschehen, als Gott vorgesehen hat. Was der Herr noch an Wunderbarem und an Schwerem mit mir vorhat, das ist eigentlich gleichgültig. Er ist ja dabei und vergibt alles Verzagtsein. Darüber bin ich besonders froh."

Rosemarie Pohl hatte begriffen, daß Christus die Hand auf ihren schwachen und kranken Leib gelegt hatte, um sie ganz in Beschlag zu nehmen. Er wollte in ihr begrenztes und verlöschendes Leben hinein seine Spur einzeichnen. Das machte sie froh.

Und so schrieb sie an andere Kranke:

„Gott ist für uns. Wenn wir dieses unverdiente Geschenk in Jesus Christus annehmen, dann kann keine Macht der Welt wider uns sein. Wir können vernichtet werden, aber aus der Hand Gottes kann uns niemand mehr reißen. Gott ist uns näher als Freunde uns sein könnten. Wir sind nicht verlassen. Er hat Freude für uns. Wir sind in Trauer getröstet. Sein Heil, ja sogar seine Heilung sind realer als das Unheil unserer Krankheit. Daß wir ihm gehören, ist Trost für unser ganzes Leben. Durch dieses Wissen ist – trotz aller Bedrängnis – auch bei uns die Dankbarkeit nicht ausgeklammert.

Das andere ist noch wunderbarer. Gottes Geist führt uns zur inneren Überwindung, auch in den größten Schwierigkeiten und Belastungen. Da geht äußerlich der Druck weiter. Die Hilfe, nach der wir ausgeschaut haben, wird uns nicht – oder noch nicht – zuteil. Aber die Verhältnisse beirren uns nicht. Wir wachsen über sie hinaus. Wir bleiben im Lieben Gottes. Ja, wir sind mehr als andere mit ihm verbunden, da wir im Leid gereift sind. Unsere höchste Vollkommenheit besteht nicht in irgendeinem Heldenmut, als ob wir alles überwinden könnten, sondern darin, Gottes und seiner Kraft dringend zu bedürfen."

In ihrem letzten Rundbrief schrieb sie:

„Es war und ist einfach großartig, wie in den größten Notsituationen ein tiefes Getrostsein und echte Furchtlosigkeit wachsen können, wenn man sich fragt, wie wird es weitergehen. Der Entschluß, dem Herrn uferlos zu vertrauen, lohnt sich hundertprozentig. Da gibt es die Barriere „Warum läßt Gott das zu?" nicht mehr. Ich vermag ihm über aller Not meines Lebens recht zu geben. Ich kann mich ganz in seine Hände fallen lassen."

Was Gott verspricht, das bricht er nicht

Gott spricht:
Warum sagtest du, der Herr hat mich verlassen.
Der Herr hat mich vergessen.
Kann auch eine Frau ihres Kindleins vergessen,
daß sie sich nicht erbarme
über den Sohn ihres Leibes.
Und ob sie seiner vergäße,
so will ich doch deiner nicht vergessen.
Siehe, in die Hände habe ich dich gezeichnet.

Jesaja 49, 14-16

Es sollen wohl Berge weichen und Hügel hinfallen,
aber meine Gnade soll nicht von dir weichen,
und der Bund meines Friedens soll nicht hinfallen,
spricht der Herr, dein Erbarmer.

Jesaja 54, 10

Jesus Christus spricht:
Meine Schafe hören meine Stimme,
und ich kenne sie,
und sie folgen mir;
ich gebe ihnen das ewige Leben,
und niemals werden sie umkommen,
und niemand wird sie aus meiner Hand reißen.

Johannes 10, 27-28

Ich steh in meines Herren Hand
und will drin stehen bleiben;
nicht Erdennot, nicht Erdentand
soll mich daraus vertreiben.
Und wenn zerfällt die ganze Welt,
wer sich an ihn und wen er hält,
wird wohlbehalten bleiben.

Er ist ein Fels, ein sichrer Hort,
und Wunder sollen schauen,
die sich auf sein wahrhaftig Wort
verlassen und ihm trauen.
Er hat's gesagt, und darauf wagt
mein Herz es froh und unverzagt
und läßt sich gar nicht grauen.

Und was er mit mir machen will,
ist alles mir gelegen;
ich halte ihm im Glauben still
und hoff auf seinen Segen.
denn was er tut, ist immer gut,
und wer von ihm behütet ruht,
ist sicher allerwegen.

Ja, wenn's am schlimmsten mit mir steht,
freu ich mich seiner Pflege;
Ich weiß: die Wege, die er geht,
sind lauter Wunderwege.
Was böse scheint, ist gut gemeint;
er ist doch nimmermehr mein Feind
und gibt nur Liebesschläge.

Und meines Glaubens Unterpfand
ist, was er selbst verheißen:
daß nichts mich seiner starken Hand
soll je und je entreißen.
Was er verspricht, das bricht er nicht;
er bleibet meine Zuversicht.
Ich will ihn ewig preisen.

                    Philipp Spitta

In Gott ganz geborgen

Herr,
auf Dich traue ich.
Laß mich nimmermehr zuschanden werden.
Errette mich durch Deine Gerechtigkeit!
Neige Deine Ohren zu mir,
hilf mir eilends!
Sei mir ein starker Fels
und eine Burg, daß Du mir helfest!
Denn Du bist mein Fels und meine Burg,
und um Deines Namens willen wollest du mich
leiten und führen.
Denn Du bist meine Stärke.
In Deine Hände befehle ich meinen Geist.
Du hast mich erlöst, Herr, Du treuer Gott.
Ich freue mich und bin fröhlich über Deine Güte,
daß Du mein Elend ansiehst und nimmst Dich
meiner an in Not.
Du stellst meine Füße auf einen weiten Raum.
Herr sei mir gnädig, denn mir ist angst!
Meine Zeit steht in Deinen Händen.

                                  Aus Psalm 31

Das Lied einer blinden Sängerin

Fanny Jane Crosby war eine außergewöhnlich fröhliche Frau, obwohl sie schon als Kind erblindete. Im Alter von sechs Wochen bekam sie eine Augenkrankheit. Freundliche, aber völlig unkundige Helfer wollten mit einem falschen Mittel beikommen. Man machte einen heißen Umschlag. Dadurch verlor das Kind sein Augenlicht. Jahrzehnte später hat sie im Rückblick auf ihr Leben ausgesprochen, daß sie „nie einen Funken von Groll" jener ungeschickten Helferin gegenüber gefühlt habe, die ihr dieses Leiden zufügte. „Ich habe allezeit geglaubt", sagte sie, „daß der gütige Herr durch diese Wege mich zubereitete, das Werk zu tun, das er mir anvertraut hat. Wenn ich überlege, wie ich gesegnet wurde, wie kann ich unzufrieden sein?" Als Lehrerin eines Blindenheims hat sie 8000 Lieder gedichtet, darunter auch dieses:

Gott wird dich tragen, drum sei nicht verzagt,
treu ist der Hüter, der über dich wacht.
stark ist der Arm, der dein Leben gelenkt,
Gott ist ein Gott, der der Seinen gedenkt.

Gott wird dich tragen, wenn einsam du gehst;
Gott wird dich hören, wenn weinend du flehst.
Glaub es, wie bang dir der Morgen auch graut,
Gott ist ein Gott, dem man kühnlich vertraut.

Gott wird dich tragen durch Tage der Not;
Gott wird dir beistehn in Alter und Tod.
Fest steht das Wort, ob auch alles zerstäubt,
Gott ist ein Gott, der in Ewigkeit bleibt.

Gott wird dich tragen mit Händen so lind.
Er hat dich lieb wie ein Vater sein Kind.
Das steht dem Glauben wie Felsen so fest:
Gott ist ein Gott, der uns nimmer verläßt.

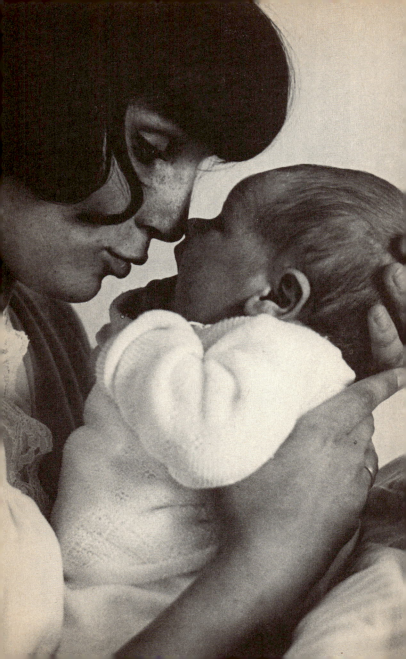

Wer bin ich?

Mit großer Sorgfalt haben sie mich untersucht,
abgeklopft, durchleuchtet und beobachtet.
Aber sie sagen,
es sei erst der Anfang.
Es ist nicht leicht
zu erkennen, was mir fehlt.
Weiß ich es überhaupt,
wer ich bin?
Welch ein wunderbares Werk ist doch mein Leib!
In diesen Tagen
wird mir Gottes Tun noch wunderbarer.
Er hat mich geschaffen.
Meinen Leib, meine Seele,
meine Augen, Ohren und alle Glieder.
Mein Denken und Planen.
Wie selbstverständlich
rechnet man in gesunden Tagen
mit dem störungsfreien Funktionieren
dieses Organismus.
Ich denke oft nach,
was mag wohl defekt sein?
Aber was das alles nach sich zieht:
die Müdigkeit, die Schmerzen, die Appetitlosigkeit.
Wenn ich so schwach bin, frage ich:
Wer bin ich?
Du, Herr, weißt es,
auch wenn mein Leib zerfällt,
so hast Du mich nach Deinem Plan
wunderbar gemacht.
Und Du wirst mich auch fernerhin erhalten
durch Deine Güte.
Ich bin ja nach Deinem Namen genannt.

Ich bitte Dich,
heile meinen kranken Leib,
aber laß mich auch innerlich ganz genesen.
Erst jetzt wird mir das Wunder meines Lebens
neu groß:
Deine Hand hat mich bereitet.
Nur vor Dir kann ich mein Leben neu ordnen
und als Gnadengeschenk aus Deiner
vergebenden Hand nehmen.
Ich will Dir danken,
daß Du alle Schuld vergibst.

Dank für das Wunder meines Lebens

Herr!
Du erforschest mich und kennest mich.
Ich sitze oder stehe auf –
Du weißt es.
Du verstehst meine Gedanken von ferne.
Ich gehe oder liege,
so bist du um mich
und siehst alle meine Wege.
Von allen Seiten umgibst du mich
und hältst deine Hand über mir.
Dies ist mir zu wunderbar und zu hoch.
Ich kann es nicht begreifen.
Du hast meine Nieren bereitet
und hast mich gebildet im Mutterleibe.
Ich danke dir dafür,
daß ich wunderbar gemacht bin.
Wunderbar sind deine Werke!

Aus Psalm 139

Lobe den Herren,
der künstlich und fein dich bereitet,
der dir Gesundheit verliehen,
dich freundlich geleitet.
In wieviel Not hat nicht der gnädige Gott
über dir Flügel gebreitet.

Lobe den Herren,
der deinen Stand sichtbar gesegnet,
der aus dem Himmel
mit Strömen der Liebe geregnet.
Denke daran, was der Allmächtige kann,
der dir mit Liebe begegnet.

Joachim Neander

Herr,
deine Güte reicht, so weit der Himmel ist,
und deine Wahrheit, so weit die Wolken gehen.
Wie köstlich ist deine Güte, Gott,
daß Menschenkinder unter dem Schatten deiner
Flügel Zuflucht haben!
Sie werden satt von den reichen Gütern
deines Hauses.
Du tränkst sie mit Wonne wie mit einem Strom.
Denn bei dir ist die Quelle des Lebens,
und in deinem Licht sehen wir das Licht.

Aus Psalm 36

Wie ein Adler sein Gefieder
über seine Jungen streckt,
also hat auch hin und wieder
mich des Höchsten Arm bedeckt,
alsobald im Mutterleibe,
da er mir mein Wesen gab
und das Leben, das ich hab
und noch diese Stunde treibe.
Alles Ding währt seine Zeit,
Gottes Lieb in Ewigkeit.

Meiner Seele Wohlergehen
hat er ja recht wohl bedacht;
will dem Leibe Not entstehen,
nimmt er's gleichfalls wohl in acht.
Wenn mein Können, mein Vermögen
nichts vermag, nichts helfen kann,
kommt mein Gott und hebt mir an,
sein Vermögen beizulegen.
Alles Ding währt seine Zeit,
Gottes Lieb in Ewigkeit.

Wenn ich schlafe, wacht sein Sorgen
und ermuntert mein Gemüt,
daß ich alle liebe Morgen
schaue neue Lieb und Güt.
Wäre mein Gott nicht gewesen,
hätte mich sein Angesicht
nicht geleitet, wär ich nicht
aus so mancher Angst genesen.
Alles Ding währt seine Zeit,
Gottes Lieb in Ewigkeit.

                              Paul Gerhardt

Überwundene Schwäche

Wenn wir zum Leiden berufen werden, überschlagen wir unsere Kraft. Dann erscheint sie uns kleiner, als wir dachten und nicht so stark, wie sie sein müßte. Doch dies darf uns nicht mutlos machen. Wir haben doch Gottes Wort: „Ich stärke dich!"

Gott hat eine allmächtige Stärke. Er kann uns sehr wohl seine Stärke geben und verspricht auch, daß er es tun werde. Es ist gar nicht auszusprechen, wieviel Kraft Gott einem Menschen geben kann. Wenn die göttliche Kraft kommt, so hört die menschliche Schwäche auf, ein Hindernis zu sein.

Haben wir nicht schon alle Zeiten der Prüfung gehabt, in denen wir ganz besondere Kraft empfingen, so daß wir uns selbst wundern mußten? Wir waren ruhig mitten in Gefahren, ergeben bei Verlusten, still unter Verleumdung, geduldig in Krankheit.

Gott gibt unerwartete Kraft, wenn unerwartete Prüfungen kommen, und wir erheben uns über unser schwaches Ich. Feiglinge werden dann zu Männern. Meine eigene Schwäche macht mich furchtsam, aber Gottes Verheißung macht mich tapfer.

Herr, stärke mich nach deinem Wort!

Charles Haddon Spurgeon

Neue Kraft

Hebet eure Augen in die Höhe und seht!
Wer hat dies geschaffen?
Gott führt das Heer der Sterne vollzählig heraus
und ruft sie alle mit Namen.
Seine Macht und starke Kraft ist so groß,
daß nicht eins von ihnen fehlt.
Warum sprichst du denn:
„Mein Weg ist dem Herrn verborgen,
und mein Recht geht vor meinem Gott vorüber?"
Weißt du nicht?
Hast du nicht gehört?
Der Herr, der ewige Gott,
der die Enden der Erde geschaffen hat,
wird nicht müde noch matt.
Sein Verstand ist unausforschlich.
Er gibt dem Müden Kraft
und Stärke genug dem Unvermögenden.
Männer werden müde und matt,
und junge Burschen straucheln und fallen.
Aber die auf den Herrn harren, kriegen neue Kraft,
daß sie auffahren mit Flügeln wie Adler,
daß sie laufen und nicht matt werden,
daß sie wandeln und nicht müde werden.

Jesaja 40, 26-31

Wenn ich des Nachts oft lieg in Not
verschlossen, gleich als wär ich tot,
läßt du mir früh die Gnadensonn
aufgehn, nach Trauern, Freud und Wonn.

O Wunder groß, o starker Held!
Wo ist ein Feind, den er nicht fällt?
Kein Angststein liegt so schwer auf mir,
er wälzt ihn von des Herzens Tür.

Wie tief Kreuz, Trübsal oder Pein,
mein Heiland greift allmächtig drein,
führt mich heraus mit seiner Hand.
Wer mich will halten, wird zuschand.

Lebt Christus, was bin ich betrübt?
Ich weiß, daß er mich herzlich liebt.
Wenn mir gleich alle Welt stürb ab,
gnug, daß ich Christus bei mir hab.

Halleluja!

Johann Heermann

Mit nichts aufzuwiegen

Dennoch
bleibe ich stets an dir;
denn du hältst mich bei meiner rechten Hand.
Du leitest mich nach deinem Rat
und nimmst mich am Ende mit Ehren an.
Wenn ich nur dich habe,
so frage ich nichts nach Himmel und Erde.
Wenn mir gleich Leib und Seele verschmachtet,
so bist du doch, Gott,
allezeit meines Herzens Trost und mein Teil.
Das ist meine Freude,
daß ich mich zu Gott halte
und meine Zuversicht setze auf Gott den Herrn,
daß ich verkündige all dein Tun.

         Psalm 73, 23-28

Was Gott tut, das ist wohlgetan,
er wird mich nicht betrügen.
Er führet mich auf rechter Bahn;
so laß ich mir genügen
an seiner Huld und hab Geduld;
er wird mein Unglück wenden,
es steht in seinen Händen.

Was Gott tut, das ist wohlgetan,
er wird mich wohl bedenken;
er als mein Arzt und Wundermann
wird mir nicht Gift einschenken
für Arzenei; Gott ist getreu,
drum will ich auf ihn bauen
und seiner Güte trauen.

Was Gott tut, das ist wohlgetan,
er ist mein Licht und Leben,
der mir nichts Böses gönnen kann.
Ich will mich ihm ergeben
in Freud und Leid; es kommt die Zeit,
da öffentlich erscheinet,
wie treulich er es meinet.

Was Gott tut, das ist wohlgetan,
dabei will ich verbleiben.
Es mag mich auf die rauhe Bahn
Not, Tod und Elend treiben,
so wird Gott mich ganz väterlich
in seinen Armen halten;
drum laß ich ihn nur walten.

                              Samuel Rodigast

In den Händen der Menschen

Eigentlich müßte ich dankbar sein
für die lieben Menschen,
die mir helfen wollen.
Doch mir fällt es schwer,
mir helfen zu lassen.
Wie war ich einst so stolz,
daß ich niemand bemühen mußte!
Ich beneide heute alle,
die frei und unabhängig sind.
Und ich muß mich drein schicken
und mich damit abfinden,
daß ich auf Hilfe angewiesen bin.
Es ist schwer,
wie ein Kind zu bitten
und demütig „danke" zu sagen.
Nun muß ich es lernen,
immer abhängiger zu werden.
Sind es Menschen,
die mein Leben in der Hand haben?
Nein!
Ich bin in meines Herren Hand!
Und er läßt mich nicht los.
Die vielen Helfer um mich
lassen mich dies spüren.
Herr,
führe Du ihre Hände
und gib ihnen täglich Deine Liebe in ihr Herz.
Wie dankbar bin ich,
daß Menschen da sind,
die mich pflegen und gesund machen wollen.
Mach Du mich immer abhängiger
von Deinem Tun und Deinem Führen.

Wie ein Kranker seine Ungeduld überwand

Ganz zurückgezogen lebte Gerhard Tersteegen als Bandwirker in Mühlheim an der Ruhr. Er liebte die Stille. Da er aber viel krank war, hatte er oft niemand um sich, der ihm helfen konnte.

So war es auch in einer zehnwöchigen Krankheitsperiode. Er wohnte damals in einem Dachstübchen bei seinem Bruder.

Er litt furchtbar an Durst. Das hohe Fieber hatte seinen Mund trocken gemacht. Die Zunge klebte. Wie dankbar war er, als am Morgen die Hausgehilfin bei ihm hereinschaute und er sie um ein Glas Wasser bitten konnte. Sie versprach, es sofort zu bringen.

Nun, es war ein junges Mädchen. Kaum war sie die Treppe hinuntergerannt, hatte sie schon anderes im Kopf und den durstigen Kranken vergessen. Im Haushalt des Bruders waren viele Dinge zu erledigen. In der Küche wurde gearbeitet. Gänge mußten gemacht werden.

So vergingen Stunden. Tersteegen lag da und wartete. Es wurde Nachmittag. Da hörte er endlich Schritte auf dem knarrenden Flur draußen vor der Türe.

In diesem Augenblick hatte er nur die eine Sorge, daß nichts von einem bösen angestauten Ärger in ihm sei, sondern Gott ihn in der Sanftmut erhalte.

Er konnte dies, weil sein Blick konzentriert auf der Liebe Jesu ruhte. Er hat das Lied gedichtet:

> Ich bete an die Macht der Liebe,
> die sich in Jesus offenbart;
> ich geb mich hin dem freien Triebe,
> wodurch ich Wurm geliebet ward;
> ich will, anstatt an mich zu denken,
> ins Meer der Liebe mich versenken.

Er hat einmal von seiner schweren Krankheit geschrieben: „Ich habe einen Ausschlag am ganzen Leib; der Rücken ist ganz wund, so daß das Hemd daran kleben bleibt. Und sonst habe ich noch große Schmerzen."

In seiner großen Not hat er aber beten können:

> Du durchdringest alles;
> laß dein schönstes Lichte,
> Herr, berühren mein Gesichte.
> Wie die zarten Blumen
> willig sich entfalten
> und der Sonne stillehalten,
> laß mich so still und froh
> deine Strahlen fassen
> und dich wirken lassen.

Der Irrweg der Sorgen

Jesus sprach:

Sorgt nicht um euer Leben,
was ihr essen oder trinken werdet.
Sorgt euch auch nicht um euren Leib,
was ihr anziehen werdet.
Ist nicht das Leben mehr als die Nahrung
und der Leib mehr als die Kleidung?

Seht die Vögel unter dem Himmel an.
Sie säen nicht,
sie ernten nicht,
sie sammeln nicht in die Scheunen.
Und euer himmlischer Vater ernährt sie doch.
Seid ihr denn nicht viel mehr als sie?

Wer ist unter euch,
der seiner Lebensdauer eine Spanne zusetzen
könnte,
wie sehr er sich auch darum sorgt?

Und warum sorgt ihr euch um die Kleidung?
Schaut die Lilien auf dem Feld an,
wie sie wachsen.
Sie arbeiten nicht,
auch spinnen sie nicht.
Ich sage euch,
daß selbst Salomo in seiner ganzen Herrlichkeit
nicht so gekleidet gewesen ist
wie auch nur eine von ihnen.

Wenn nun Gott das Gras auf dem Feld so kleidet,
das doch heute steht und morgen verbrannt wird,
sollte Gott das nicht viel mehr euch tun,
ihr Kleingläubigen?

Darum sollt ihr nicht sorgen und sagen:
Was werden wir essen?
Was werden wir trinken?
Womit werden wir uns kleiden?
Denn nach dem allem trachten die Heiden.
Euer himmlischer Vater weiß ja,
daß ihr das alles braucht.

Trachtet zuerst nach dem Reich Gottes
und nach seiner Gerechtigkeit,
so wird euch das alles zufallen.

                                  Matthäus 6, 25-33

Gott will's machen, daß die Sachen
gehen wie es heilsam ist;
laß die Wellen höher schwellen,
wenn du nur bei Jesus bist.

Wer sich kränket, weil er denket,
Jesus liege in dem Schlaf,
wird mit Klagen nur sich plagen,
daß der Unglaub leide Straf.

Du Verächter! Gott, dein Wächter,
schläfet ja noch schlummert nicht;
zu den Höhen aufzusehen,
wäre deine Glaubenspflicht.

Im Verweilen und im Eilen
bleibt er stets ein Vaterherz;
laß dein Weinen bitter scheinen:
Dein Schmerz ist auch ihm ein Schmerz.

Glaub nur feste, daß das Beste
über dich beschlossen sei;
wenn dein Wille nur ist stille,
wirst du von dem Kummer frei.

Willst du wanken in Gedanken,
senk dich in Gelassenheit.
Laß den sorgen, der auch morgen
Herr ist über Leid und Freud.

Gottes Hände sind ohn Ende,
sein Vermögen hat kein Ziel.
Ist's beschwerlich, scheint's gefährlich,
deinem Gott ist nichts zu viel.

Wenn die Stunden sich gefunden,
bricht die Hilf mit Macht herein;
und dein Grämen zu beschämen,
wird es unversehens sein.

                    Johann Daniel Herrnschmidt

Erlebte Gebetserhörung

Ich liebe den Herrn,
denn er hört die Stimme meines Flehens.
Er neigte sein Ohr zu mir.
Darum will ich ein Leben lang ihn anrufen.

Stricke des Todes hatten mich umfangen,
des Totenreichs Schatten hatten mich getroffen;
ich kam in Jammer und Not.
Aber ich rief an den Namen des Herrn:
„Ach Herr, errette mich!"

Der Herr ist gnädig und gerecht,
und unser Gott ist barmherzig.
Der Herr behütet die Unmündigen.
Wenn ich schwach bin, so hilft er mir.

Du hast meine Seele vom Tode errettet,
mein Auge von den Tränen,
meinen Fuß vom Gleiten.

Ich werde wandeln vor dem Herrn im Lande der Lebendigen.
Ich glaube, auch wenn ich sage: „Ich werde sehr geplagt!"

Wie soll ich dem Herrn vergelten all seine Wohltat, die er an mir tut?

Dir will ich Dank opfern und des Herrn Namen anrufen.

Aus Psalm 116

Sei Lob und Ehr dem höchsten Gut,
dem Vater aller Güte,
dem Gott, der alle Wunder tut,
dem Gott, der mein Gemüte
mit seinem reichen Trost erfüllt,
dem Gott, der allen Jammer stillt.
Gebt unserm Gott die Ehre!

Was unser Gott geschaffen hat,
das will er auch erhalten,
darüber will er früh und spat
mit seiner Güte walten.
In seinem ganzen Königreich
ist alles recht, ist alles gleich.
Gebt unserm Gott die Ehre!

Ich rief zum Herrn in meiner Not:
„Ach Gott, vernimm mein Schreien!"
Da half mein Helfer mir vom Tod
und ließ mir Trost gedeihen.
Drum dank, ach Gott, drum dank ich dir;
ach danket, danket Gott mit mir!
Gebt unserm Gott die Ehre!

Der Herr ist noch und nimmer nicht
von seinem Volk geschieden;
er bleibet ihre Zuversicht,
ihr Segen, Heil und Frieden.
Mit Mutterhänden leitet er
die Seinen stetig hin und her.
Gebt unserm Gott die Ehre!

Ich will dich all mein Leben lang,
o Gott, von nun an ehren;
man soll, Gott, deinen Lobgesang
an allen Orten hören.
Mein ganzes Herz ermuntre sich,
mein Geist und Leib erfreue dich!
Gebt unserm Gott die Ehre!

       Johann Jakob Schütz

Wenn Gott unsere Bitten nicht erfüllt

Mir ist ein Pfahl ins Fleisch gegeben,
nämlich der Engel des Satans,
der mich mit Fäusten schlagen soll,
damit ich mich nicht überhebe.
Seinetwegen habe ich dreimal zum Herrn gefleht,
daß er von mir ablassen möge.
Aber der Herr hat zu mir gesagt:
„Laß dir an meiner Gnade genügen;
denn meine Kraft ist in den Schwachen mächtig."
Darum will ich mich am allerliebsten
meiner Schwachheit rühmen,
damit die Kraft Christi in mir wohnt.
Darum bin ich guten Mutes
in Schwachheit, in Mißhandlungen,
in Nöten, in Verfolgungen und Ängsten,
um Christi willen.
Denn wenn ich schwach bin,
dann bin ich stark.

2. Korinther 12, 7-10

Umkehren und neu beginnen

Ach lieber Herr!
Du großer und heiliger Gott!
Du bewahrst den Bund und die Gnade denen,
die dich lieben und deine Gebote halten.
Wir haben gesündigt,
Unrecht getan,
sind gottlos gewesen
und abtrünnig geworden.
Wir sind von deinen Geboten
und Rechten abgewichen.
Du, Herr, bist gerecht.
Wir aber müssen uns schämen,
daß wir uns an dir versündigt haben.
Bei dir aber, Herr, unser Gott,
ist Barmherzigkeit und Vergebung.
Nun, Herr, unser Gott,
der du dein Volk geführt hast mit starker Hand
und hast dir einen Namen gemacht!
Wir haben gesündigt.
Wir sind gottlos gewesen.
Ach Herr, um aller deiner Gerechtigkeit willen
wende ab den Zorn und Grimm.
Höre das Gebet deines Knechtes und sein Flehen.
Laß leuchten dein Antlitz um deinetwillen, Herr!
Neige Dein Ohr und höre.
Tu Deine Augen auf und sieh,
wie wir zerbrochen sind.
Denn wir liegen vor dir mit unserem Gebet.
Wir vertrauen nicht auf unsere Gerechtigkeit,
sondern auf deine Barmherzigkeit.

Aus Daniel 9

Sei still zu Gott,
dem Gott, der helfen wird,
der dein zu sein verheißt.
Sei still zu Gott,
der uns all unsre Bürd
durch Jesus bald entreißt.
Dein Heiland hat sie all getragen
in seinen bittern Leidenstagen.
Sei still zu Gott!

Sei still zu Gott!
Dein Heiland ist bei dir,
der nimmer dich verläßt.
Er sendet dir
von offner Himmelstür
die Engel mauerfest
um dich und über dir zum Schutze,
daß dir's gelingt, dem Feind zum Trutze.
Sei still zu Gott!

Sei still zu Gott,
der wunderbar zu sein
noch nicht vergessen hat.
Harr seiner fest
und glaub's, daß er erschein
und zeige mit der Tat,
wie leicht ihm's ist, in allen Dingen
das Herrlichste noch zu vollbringen.
Sei still zu Gott!

    Johann Christoph Blumhardt

Hat Gott mich vergessen?

Bei Krankenbesuchen bewegen sich die Gespräche oft nur oberflächlich plätschernd. Man spricht vom Wetter und von anderen Dingen, vielleicht auch von der Krankheit.

Aber die wirklich belastenden Nöte der Kranken liegen ja noch tiefer.

Oft spricht man nicht mal mit seinen besten Freunden darüber. Man weiß nicht, ob sie einen verstehen könnten. Vielleicht hat man sich selbst früher kaum damit befaßt.

Aber jetzt ist mitten in der Krankheit eine Frage aufgebrochen, von der alles abhängt. Sie läßt unsere Lebenssicherheit im tiefsten Grund erzittern. Wenn man hier keine Klarheit hat, prallt oft auch der Trost des Glaubens an uns ab, wie wenn es ein billiger Spruch wäre.

Und um so mehr grübelt man dann in der Stille der Nacht und sucht eine Antwort. Doch finden kann man keine.

Da wachen in der Stille einer Krankenzeit längst passierte Sachen wieder auf und werden wach. Böse Versäumnisse und Fehlhaltungen unseres Lebens werden wieder lebendig. Man kann sie nicht mehr korrigieren, sie sind geschehen.

Viele empfinden unter diesen Eindrücken ihre Krankheit und ihr Leiden als Strafe. Habe ich das nicht verdient? Ist das nicht alles Gottes Vergeltung für das Üble, das ich selbst angerichtet habe?

Auf diese bohrenden Fragen muß eine klare Antwort gefunden werden, sonst gibt es keinen Trost, keine Ermutigung.

Ich möchte es ganz klar sagen: Nein! Krankheit ist nie Strafe Gottes. Wenn Gott alle unsere bösen Taten heimzahlen wollte, dann müßte er uns noch viel vernichtender treffen.

Darum möchte ich Ihren Blick auf das Kreuz Jesu lenken. Sehen Sie jetzt, wie er qualvoll am Kreuz stirbt. Das hat er auf sich genommen, um Ihre Schuld zu büßen. Sie können Ihre Versäumnisse nicht abbüßen. Er litt für uns, damit wir nicht mehr unter der anklagenden Last unserer Vergangenheit stehen.

An diesem Kreuz wird ein für allemal festgelegt, daß Gott Sie nicht vernichten und zerschlagen will. Darum ist Gottes Liebe uns jetzt ganz nah. Wir dürfen unsere Schuld bei ihm niederlegen und seine völlige Vergebung annehmen. Wo er Schuld vergeben hat, ist sie so ausgelöscht, daß sie niemand mehr vorholen darf.

Nun können wir im Frieden schlafen und ruhen. Das ist mein Trost, wenn mich mein Gewissen anklagt: Gott ist für mich! Und Jesus, sein Sohn, hat alles Belastende für mich abgetragen. Niemand kann mehr gegen mich sein.

Ich bin gewiß!

Ist Gott für uns,
wer kann dann gegen uns sein?
Er hat auch seinen eigenen Sohn nicht verschont,
sondern hat ihn für uns alle dahingegeben.
Wie sollte er uns in Jesus nicht alles schenken?
Wer will die Auserwählten Gottes beschuldigen?
Gott ist hier, der gerecht macht.
Wer will verdammen?
Christus Jesus ist hier,
der gestorben ist, ja viel mehr,
der auch auferweckt ist,
der zur Rechten Gottes ist und für uns eintritt.
Wer will uns scheiden von der Liebe Gottes?
Trübsal oder Angst oder Verfolgung
oder Hunger oder Entbehrung oder Gefahr
oder Schwert?
Aber in dem allem überwinden wir weit
durch den, der uns geliebt hat.
Denn ich bin gewiß,
daß weder Tod noch Leben,
weder Engel noch Mächte noch Gewalten,
weder Gegenwärtiges noch Zukünftiges,
weder Hohes noch Tiefes
noch irgendein anderes Geschöpf
uns scheiden kann von der Liebe Gottes,
die in Jesus Christus ist, unserm Herrn.

Römer 8, 31-39

In der Reihe 5000 der TELOS-Taschenbücher sind bisher erschienen:

5001 Festo Kivengere
Ich liebe Idi Amin

5004 Siegfried Buchholz
Lebensziele für morgen

5005 Martin Homann
Kann denn Liebe Sünde sein?

5006 O. S. v. Bibra
Wirksames Beten

5007 Morrow C. Graham
Man nennt mich Mutter Graham

5008 Eduard Ostermann
Das Glaubensbekenntnis der Evolution

5013 Wolfgang Dyck
Der große Auftrag

5014 Dr. Hans Schönweiß
Biblische Grundbegriffe – neu gehört

5016 Hermann Gschwandtner
Christus für jeden

5017 Hermann Gschwandtner
Leben als Christ, Band I

5018 Hermann Gschwandtner
Leben als Christ, Band II

5120 Michael Green
». . . schon über Jesus nachgedacht?«

5021 Eduard Ostermann
Ich setze auf das Leben!

5022 Winrich Scheffbuch
Jesus, Du bist bei mir